AF229721

This book belongs to

Some people helped bring this book to life, but three deserve special thanks:

The Arte Pura Capoeira group (www.artepuracapoeira.com) for providing the encouragement,
and support I need to create that book.
The students of the Capoeira Jardim Escola João de Deus – Estrela (www.joaodeus.com),
in Portugal who were the inspiration for the creation of this book.
And the students of the Capoeira Clube dos Brasilerinhos (www.clubebra.com),
the institution of Teaching of Portuguese as a Heritage Language in London,
who were absolutely brilliant in the photoshoot.

ARTE PURA CAPOEIRA
www.artepuracapoeira.com
info@artepuracapoeira.com
Tel. (+351) 927 924 763

INGRID SANTOS
www.artepurakids.com
info@artepurakids.com
Tel. (+44) 7379 150044

Designed and Edited by Ingrid Santos (Minhoquinha)
Supervised text André Luiz Vieira (Mestre E.T.)
Translation Andrew Goddard
Design Supervisor Beatriz Escobar Illustracion (Preguiça)
Photography Paulo Weaver

A catalogue record for this book is available from the British Library

ISBN 978-1-9163824-1-1

MY FIRST Capoeira Class

Arte Pura

INGRID SANTOS

Index

Introduction

Capoeira has something for everyone.
You can learn just to have fun with your friends
or you can want to be a grand master of Capoeira.
In any event, it will be life-long learning.
Come and try Capoeira!

What is Capoeira?

"It's a dance, mixed with fighting moves."
Laura

"It's Brazilian gymnastics."
Marta

"It's like a dancing fight."
Carmo

"The mum and the dad."
Anita

"Good and cool!"
João

"It's a dance of friends."
Maciel

"A game with dance and music."
Afonso

Capoeira was born in Brazil.
And it was started by slaves
who were brought to Brazil,
by the Portuguese, from Africa,
during the period when Brazil
was colonised.

"Capoeira is pure art."
Manuel

Capoeira is
a mixture of cultures,
of different people, fighting moves,
dances and rituals that come
from various parts of Africa.

Capoeira in the world

Capoeira is a type of art
based on the culture and history
of a mix of people from Africa,
Brazil and Portugal.

These days,
Capoeira is present all over Brazil
and is being practised in more
than 160 countries around the world.

Capoeira helps to spread
the Portuguese language around the world
because this language is used to
describe all of the songs,
movements and fighting moves.

The Arte Pura Capoeira group is present
in Brazil, Portugal, Spain and England.

Why practice Capoeira?

Capoeira involves music, percussion, body movements,
songs, games, creativity and much more.

The pupil can be good at the game,
the songs or the playing of instruments.

What does Capoeira have for you?

" Very cool and very different to other things. "

Marta

" It's my favourite activity. "

Jaime

" Very good! "

Madalena

" It's cool! "

Duarte

" It has cool things. "

Santiago

" When I do Capoeira, I feel happy and with lots of emotions. "

Neve

Did you know?
In 1937, Capoeira was declared the national sport by Getúlio Vargas, who was the president of Brazil at that time.
Learning Capoeira is for sure discovering a new world.
- Salve Capoeira!
- Salve!

The blows

The blows in Capoeira can knock you over or even hurt you.
The names of the blows in Capoeira vary according
to the school or region that the Capoeira comes from.

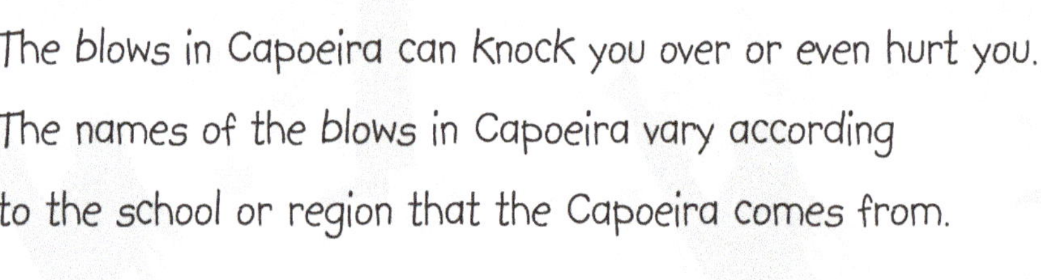

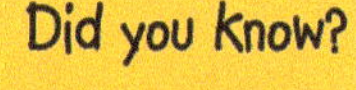

Martelo

**Meia lua de frente, queixada, armada,
martelo, tesoura, bênção and cabeçada**
are just some of the many
traditional blows used in Capoeira.

Capoeira also has acrobatics but,
note, every acrobatic movement in Capoeira
can turn into an attacking blow.

The movements

The **ginga** is the basic movement of Capoeira. It is, without doubt, the first movement that you will learn in a Capoeira class.

Capoeira is a game of questions and answers. You can **esquiva** (dodge) a blow as a means of protecting yourself from your opponent's blow, as a way to counter-attack, to escape, or even to knock your opponent over.

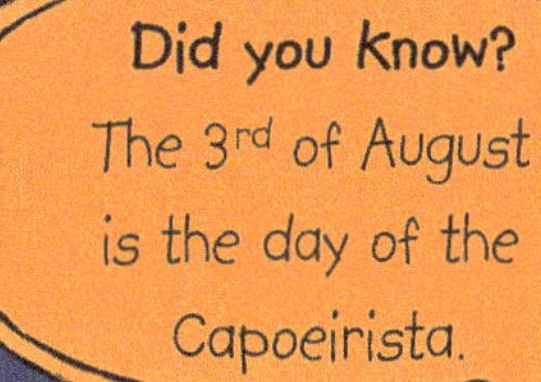

Another feature of Capoeira
is the movements on the ground.
The **negativa** and the **rolê** are some examples.

In Capoeira, the only parts of you
that should touch the ground are
the hands, the feet and,
sometimes, the head.

Known as **estrelinha** (the little star) in most of Brazil, or the **roda** (wheel) in Portugal,
the **aú** (cartwheel) is a movement often used in Capoeira.
The aú involves maintaining your balance while you move.

In the aú, as with the bananeira,
the face and the eyes should face the other player
and not the ground.

"*O menino é bom,*

bate palma pra ele

O menino é bom

bate palma pra ele..."

(public domain)

Did you Know?

In 1890, Capoeira was banned

in the first set of laws produced

by the Republic of Brazil.

What instruments are used in Capoeira?

"*In Capoeira the berimbau is played*."

Beatriz

The Berimbau, atabaque, pandeiro, agogô, reco-reco and the caxixi, along with songs and applause, give harmony to the **jogo de Capoeira** (game of Capoeira.)

The instruments form the **bateria** of Capoeira, giving rhythm to the game. The beats of the music can *be* slow, medium or fast and the speed is set by the way the berimbau is played.

The pupils not only get to play the jogo de Capoeira, but they also get the chance to learn to play the musical instruments used in Capoeira.

One of the differences between Capoeira
and other martial arts is the involvement of music.

The music makes the Roda de Capoeira happy.
With it you teach, advise, tell stories and praise
the best capoeiristas from the past.

The Roda de Capoeira

The bateria of instruments and the circle of players
make up the Roda de Capoeira (Capoeira Circle).
In Capoeira, you never play alone, always in a pair.

In the roda, we can *see* the fruits of
what the student has learnt - be it in the game,
in the playing of the instruments, or in the songs.

During the game, the pupil puts into practice
what they learnt in their lessons,
deciding for themselves how the game will progress.

" A roda é boa, a roda é boa,

Na Capoeira a roda é boa

A roda é boa, a roda é boa,

pelo mundo a roda é boa... "

(public domain)

Gunga
Atabaque
Agogô
Did you know?
On the 26th November 2014, UNESCO declared the Roda de Capoeira Intangible Cultural Heritage.
This means that the United Nations – a group of countries – understand that Capoeira is very important to people.
In the Arte Pura Capoeira group, we use three berimbaus (gunga, médio and viola), an atabaque, an agogô and a pandeiro.
"In Capoeira, we have to respect others."
Juliana

What do you most like in Capoeira?

" – Do Capoeira...

– I also like it!"

Tomás and Beatriz

"Playing the dono da rua (owner of the street)."

Santiago

"Playing with a friend."

Marta

"The aú."

Lourenço

"The ginga."

Xavier e Leonor

"The Batizados (baptisms)."

Marta

"The manteiga derretida (melted butter)."

João

"Playing the jogo da apanhada (the game of tag)."

Caetana

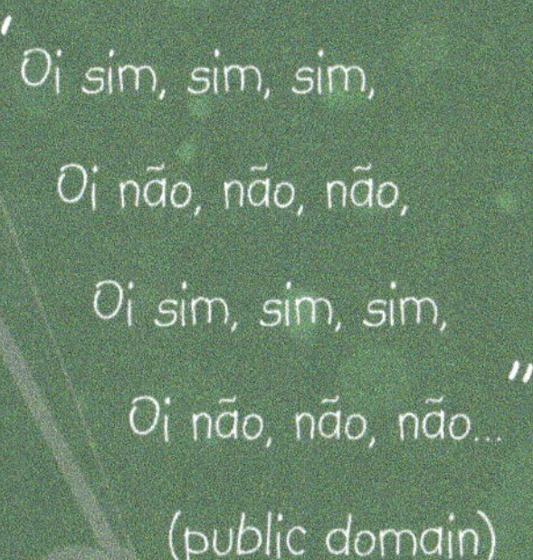

" The bananeira. "
Maria

> ### Did you know?
> There have been various Brazilian films about Capoeira and even a North American film, Blood Sport (Sheldon Lettich, 1993)

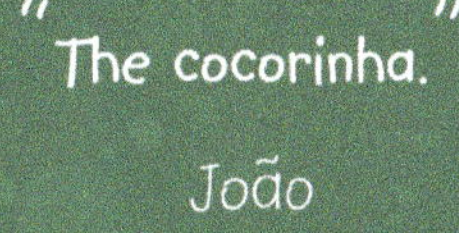

" The cocorinha. "
João

It's always important to respect your friend, inside and outside of the Roda de Capoeira.

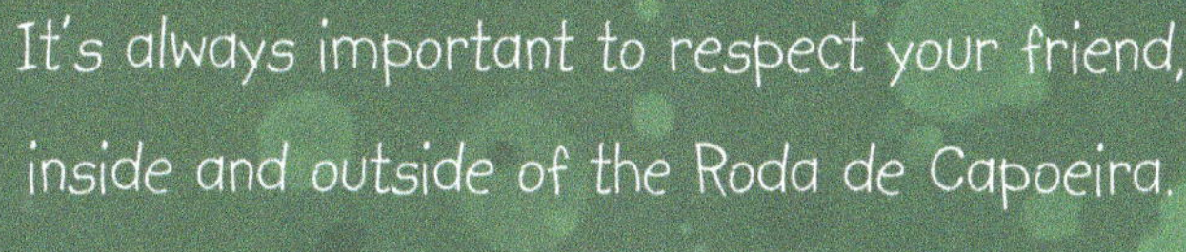

Games and jokes

During the lessons, the pupils always feel energetic
and learn a lot. Sometimes, the professor adapts traditional
games in a playful way, using the movements of Capoeira.

The games are always lots of fun.
The children really appreciate it a lot
and put into practice
what they learn in the lessons.

" – O que é o berimbau?

– A cabaça, o arame e o

pedaço de pau...."

(domínio público)

Jogo da apanhada (the game of tag):

It's a game where a pupil has to try to catch as many other pupils as possible - and the others have to try to avoid being caught. If you are caught, you have to do a pose - such as the "perna do avestruz" and stay still - like a statue - until a friend saves you by doing the "cabeçada" in front of you.

Note: If you are in the position of the "perna de avestruz" you can only start running again when a different friend strikes you.

"Being the friend is good."

Pedro

A manteiga derretida (the melted butter):

This game is similar to tag, but this time the students being hunted start by holding the fingers of the hunter and the hunter has to try to use his creative side to invent a story that involves elements of the Capoeira and the melted butter, and, at the end of the story, he has to say "1, 2, 3 manteiga derretida."

At this point, the other pupils run away and any pupil that is tagged then has to do a movement, either as a pair or as an individual.

Dono da rua (the owner of the street):

A pupil is chosen as Dono da rua (the owner of the street). The other children line up at the side of the room.

The aim of the game is for students to be able to move from one side of the room to the other, without being caught by the owner of the street.

If a child is caught, the teacher will tell them that they have to do a certain capoeira move (the teacher will decide which one).

As children improve their skills, the teacher will choose more difficult movements and exercises.

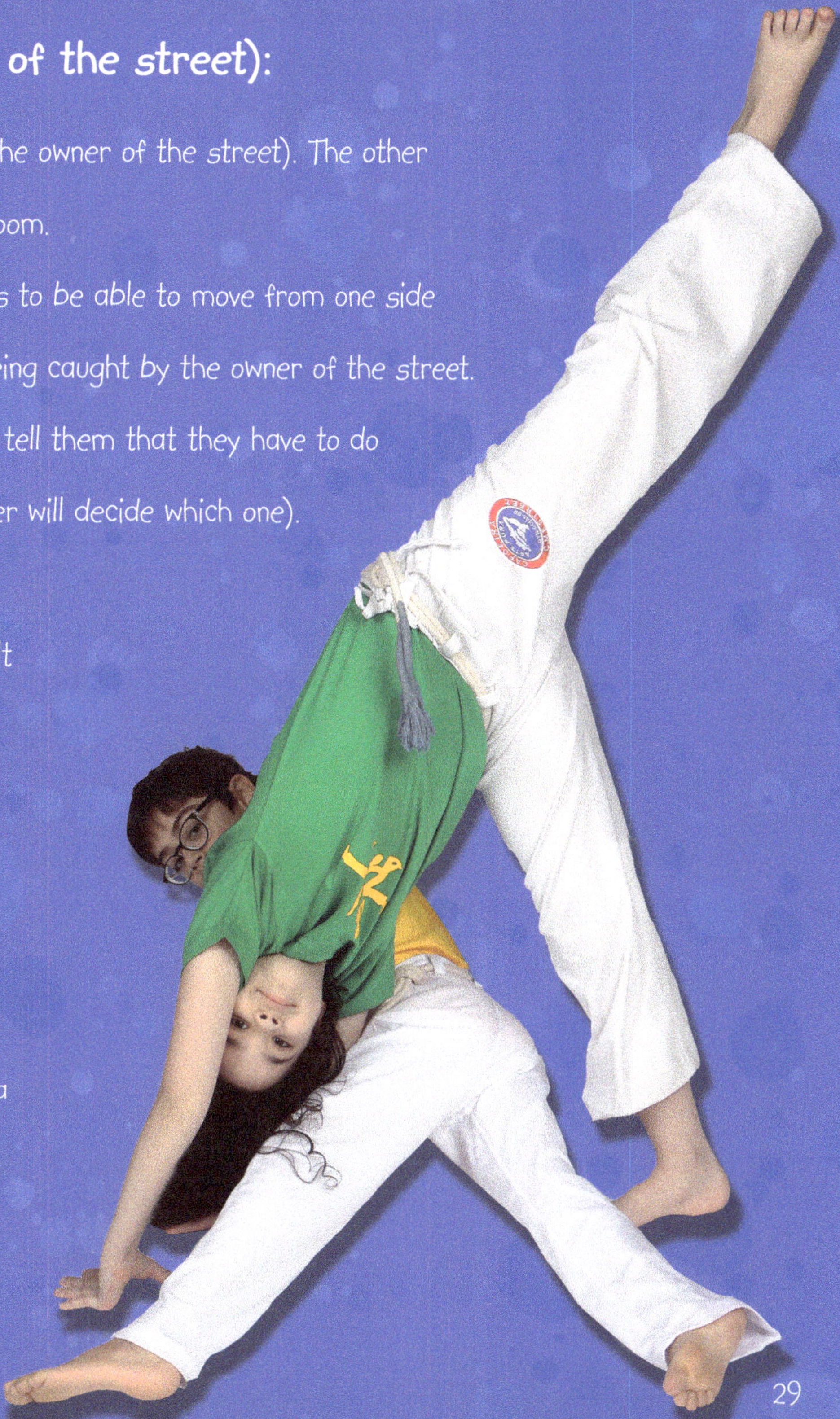

"Vou dizer ao meu senhor
Que manteiga derramou
Mas a manteiga não é minha
A manteiga é de ioiô..."

(public domain)

A batizado (baptism)

This is a key event in Capoeira.
Its aim is to show the student that they are a big
part of the group where they will train
and also a big part of the Capoeira community.

Everyone forms a big circle and the beginner
plays with a master or invited teacher,
who gives them a **corda** (belt) at the end of the game.

They are given their **apelido** (nickname)
which is based on how they act in their lessons
and can be given either by the teacher
or by fellow students.

This corda represents their first graduation
and, if they continue training they will gain others,
in similar ceremonies, as time moves on.

This is a way for the master to recognise
the effort and dedication put in by the student.
The events generally happen either
every six months or once a year.

At Arte Pura Capoeira group the system of children's graduation runs from 3 to 15 years, and anyone older is put into the adult class.

The colours of the capoeira belts vary from school to school, just as the names of the blows do.

Did you Know?
There are two different ways to say nickname in Portuguese: apelido in Brazil and alcunha in Portugal.

The role of the teacher, the Master

The teacher plays a very important role in the student's learning. He needs to help the students do the moves correctly, encouraging them and showing them where they are going wrong when needed.

The role of the **Mestre** (Master) is not only to be a teacher. No, he truly dedicates his life to Capoeira – to learning, to teaching, to developing and inspiring the students to be good capoeiristas and good human beings in life.

"
Iê viva meu Deus
Iê viva meu Deus, Camará
Iê viva meu Mestre
Iê viva meu Mestre, Camará
Iê quem me ensinou
Iê quem me ensinou, Camará
Iê a Capoeira
Iê a Capoeira, Camará
Iê dá volta ao mundo
Iê dá volta ao mundo, Camará..."
(public domain)

Did you know?
The Mestre Bimba and the Mestre Pastinha
were the most important Masters
in the history of Capoeira.

Choose a Capoeira school

Now that you know a bit about Capoeira,
maybe you'd like to do one lesson per week..

There are lots of schools run by different groups,
so you will be able to find the right school for you.

It's always worth getting to know the master
or teacher of the school well.

Olívia   Lucas   Anita   Lucas   Tiffany

"Adeus, adeus

Boa viagem

Eu vou me embora

Boa viagem

Eu vou com Deus

Boa viagem ..."

(public domain)

About the author

Luana Ingrid Silva dos Santos was born in 1991
in the city of Maceió, Brasil. She graduated in dance with the
Escola Superior de Dança in Lisbon.
For as long as she can remember, she has been in love
with the world of arts. Her dance training started in her infancy
when the quadrilhas juninas (a Brazilian dance) were her passion.
Likewise, the brass bands, folks dances, African dances,
modern dance, ballet, contemporary dance to Capoeira.
In 2012, she began to practice Capoeira
with the Master, E.T. in Portugal and
she became enchanted with the forms of
movement that Capoeira makes possible and,
ever since then, has been dedicated
to the study of this art.

To find out more about Ingrid and Capoeira,
follow her on Instagram: @__ingrid.santos__
and @artepurauk.

Este livro pertece a

____
____

Algumas pessoas ajudaram a dar vida a este livro,
mas três merecem um agradecimento especial:

O Grupo Arte Pura Capoeira (www.artepuracapoeira.com), por fornecer
o incentivo e apoio necessários para criar esse livro.
Os alunos de Capoeira do Jardim Escola João de Deus - Estrela (www.joaodeus.com),
em Portugal, foram a inspiração para a criação deste livro.
E aos alunos da Capoeira do Clube dos Brasilerinhos (www.clubebra.com),
instituição de Ensino de Português como Língua de Herança em Londres,
que foram absolutamente brilhantes na sessão de fotos.

ARTE PURA CAPOEIRA
www.artepuracapoeira.com
info@artepuracapoeira.com
Tel. (+351) 927 924 763

INGRID SANTOS
www.artepurakids.com
info@artepurakids.com
Tel. (+44) 7379 150044

Edição e Design por Ingrid Santos (Minhoquinha)
Supervisor de Texto André Luiz Vieira (Mestre E.T.)
Supervisor de Design Beatriz Escobar Illustracion (Preguiça)
Fotografias Paulo Weaver

Um registro de catálogo para este livro está disponível na Biblioteca Britânica.

ISBN 978-1-9163824-1-1

A MINHA PRIMEIRA
Aula de Capoeira

Arte Pura

INGRID SANTOS

Sumário

Introdução

A Capoeira é uma arte para todos.

Você pode aprender apenas para se divertir com os seus amigos,

ou você pode querer ser um grande mestre ou mestra.

De qualquer modo, será uma aprendizagem para toda a vida!

Vem jogar Capoeira!

O que é a Capoeira?

"É uma dança misturada com uma luta."
Laura

"É uma ginástica do Brasil."
Marta

"É uma luta a dançar."
Carmo

"O pai e a mãe."
Anita

"Bom e fixe!"
João

"É uma dança de amigos."
Maciel

"Um jogo com dança e música."
Afonso

A Capoeira nasceu no Brasil,
com os escravos africanos
levados pelos portugueses,
no período da colonização
do Brasil.

"Capoeira é arte pura."
Manuel

A Capoeira é
uma mistura de culturas
de diferentes povos, lutas,
danças e rituais vindos
de várias partes do
continente africano.

Capoeira no mundo

A Capoeira é uma arte que tem como base a cultura e a história da junção de alguns povos do continente africano, do Brasil e de Portugal.

Hoje em dia, a Capoeira está presente em todo Brasil, sendo praticada em mais de 160 países.

"Paranauê, paranauê, paraná
Paranauê, paranauê, paraná..."
(domínio público)

A Capoeira é uma grande divulgadora da Língua Portuguesa no mundo, os seus cantos, movimentos e golpes são todos em Língua Portuguesa.

O Arte Pura Capoeira está presente no Brasil, em Portugal, Espanha e em Inglaterra.

Por que praticar capoeira?

A Capoeira tem música, expressão corporal, percussão,
canto, brincadeira, criatividade e muito mais.

O aluno pode ter aptidão seja para o jogo,
para o canto ou para o toque dos instrumentos.

O que é a Capoeira para ti?

" Muito gira e muito diferente das outras."

Marta

" É a minha atividade preferida."

Jaime

" Muito bom!"

Madalena

" É gira!"

Duarte

" Tem coisas giras."

Santiago

" Quando faço Capoeira é alegria e sinto muitos sentimentos."

Neve

Você sabia?
Em 1937 a Capoeira foi declarada esporte nacional pelo então Presidente do Brasil, Getúlio Vargas.
Aprender Capoeira é, sem dúvida, descobrir um mundo novo.
- Salve Capoeira!
- Salve!

Golpes

Os golpes na Capoeira podem derrubar ou até mesmo magoar. Os nomes dos golpes da Capoeira variam de acordo com as escolas ou as regiões onde a Capoeira se afirmou.

Meia lua de frente, queixada, armada, martelo, tesoura, bênção e cabeçada são apenas alguns dos muitos golpes tradicionalmente conhecidos na Capoeira.

Na Capoeira também tem acrobacias,
mas atenção, todo o movimento
de acrobacia na Capoeira pode se
transformar em um golpe.

Os movimentos

A **ginga** é o movimento básico da Capoeira. A ginga é, sem dúvida, o primeiro movimento a se aprender em uma aula de Capoeira.

A Capoeira é um jogo de perguntas e respostas, as esquivas podem ser uma forma de se proteger de um golpe, de contra-atacar, fugir ou, até mesmo, de derrubar o outro jogador.

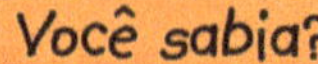

Outra das características da Capoeira são os movimentos pelo chão.
A **negativa** e o **rolê** são alguns exemplos.

Na Capoeira as únicas partes do corpo que tocam no chão são as mãos, os pés e, por vezes, a cabeça.

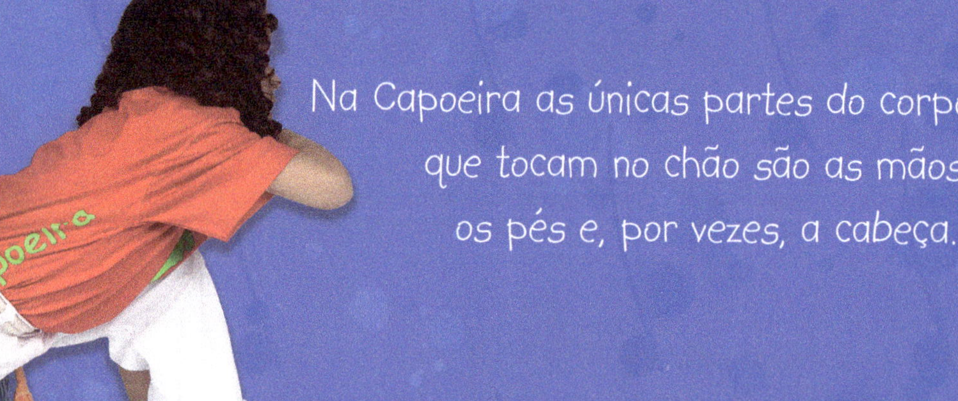

Conhecido como **estrelinha,** em grande parte do Brasil,

e, como a **roda** em Portugal,

o **aú** é um movimento muito utilizado na capoeira,

onde é praticado o equilíbrio em movimento.

Tanto no aú como na bananeira,

o rosto e os olhos estão olhando em frente,

para o outro jogador, e não para o chão.

18

"O menino é bom,
bate palma pra ele
O menino é bom
bate palma pra ele..."
(domínio público)

Você sabia?
Em 1890, a Capoeira foi proibida
por lei no primeiro Código Penal
da República do Brasil.

Quais os instrumentos utilizados na Capoeira?

" Na Capoeira toca-se berimbau."

Beatriz

O Berimbau, o atabaque, o pandeiro, o agogô, o reco-reco e o caxixi, juntamente com os cantos e as palmas, dão harmonia ao jogo de capoeira.

Os instrumentos formam a bateria da Capoeira. O berimbau comanda o ritmo do jogo, podendo ser lento, médio ou rápido.

Os alunos, além da prática do jogo de capoeira, têm a oportunidade de aprender a tocar todos os instrumentos da Capoeira.

Uma das diferenças da capoeira para as outras artes marciais
é a sua musicalidade.

A música tem o poder de alegrar a roda de Capoeira.
Com ela ensina-se, aconselha-se, narram-se histórias da Capoeira
e homenageiam-se os antigos capoeiristas.

A Roda de Capoeira

A Roda de Capoeira é formada pela bateria de instrumentos da Capoeira e pelo círculo de jogadores. Na capoeira nunca se joga sozinho, sempre em dupla.

Na roda podemos ver o resultado de toda a aprendizagem do aluno, seja no jogo, no toque dos instrumentos ou nos cantos.

No jogo, o aluno desenvolve o que aprendeu na aula, usando a sua autonomia e criatividade para decidir como será o seu jogo.

"A roda é boa, a roda é boa,

Na Capoeira a roda é boa

A roda é boa, a roda é boa,

pelo mundo a roda é boa..."

(domínio público)

Você sabia?

Em 26 de Novembro de 2014,
a UNESCO declarou a Roda de Capoeira
Patrimônio imaterial da Humanidade.

Isso significa que um grupo de países
entende que a Capoeira
é muito importante para as pessoas.

No grupo Arte Pura Capoeira utiliza-se um conjunto
de três berimbaus (gunga, médio e viola),
um atabaque, o agogô e o pandeiro.

"Na Capoeira temos que respeitar os outros."

Juliana

O que você mais gosta de fazer na Capoeira?

"– Fazer Capoeira...

– Eu também gosto!"

Tomás e Beatriz

"Jogar o dono da rua."

Santiago

"Jogar com o amigo."

Marta

"O aú."

Lourenço

"A ginga."

Xavier e Leonor

"Dos batizados."

Marta

"A manteiga derretida."

João

"Jogar o jogo da apanhada."

Caetana

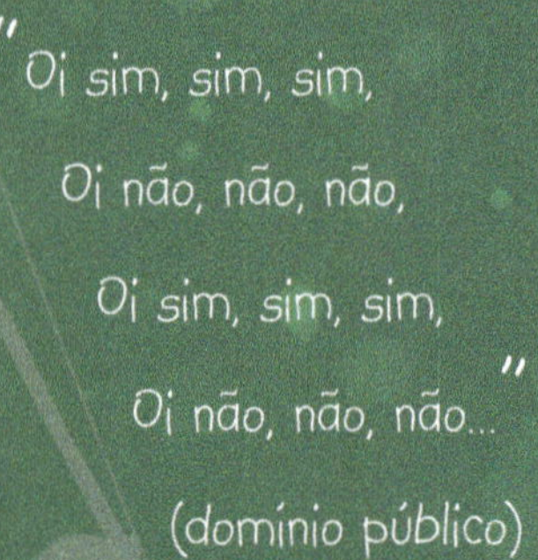

"Oi sim, sim, sim,

Oi não, não, não,

Oi sim, sim, sim,

Oi não, não, não..."

(domínio público)

"A bananeira."

Maria

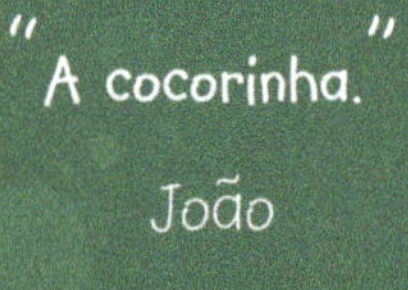

"A cocorinha."

João

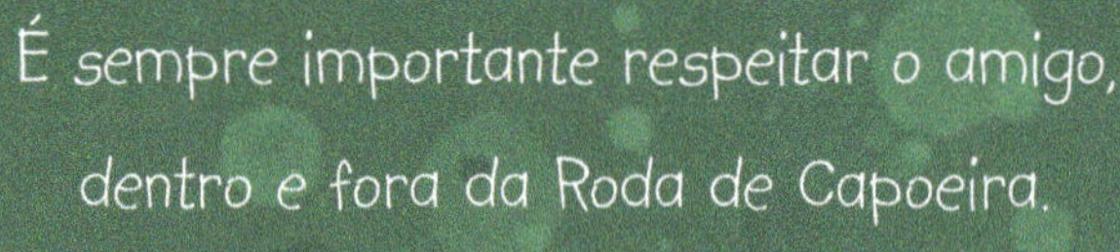

É sempre importante respeitar o amigo, dentro e fora da Roda de Capoeira.

Jogos e Brincadeiras

Durante as aulas, as crianças estão sempre com muita energia para aprender. Por vezes, o professor faz adaptações de jogos tradicionais de forma lúdica, utilizando os movimentos da Capoeira.

Os jogos são sempre bastante divertidos. As crianças apreciam-os muito e põem em prática o que estão a aprender durante as aulas.

" – O que é o berimbau?

– A cabaça, o arame e o

pedaço de pau...."

(domínio público)

Jogo da apanhada:

É um jogo em que um aluno vai ficar a apanhar os demais, e os outros terão de evitar ser

apanhados. Quem for apanhado terá que fazer, por exemplo, a "perna de avestruz"

e ficará em estátua no movimento, e esperar que um amigo possa

salvá-lo com o golpe da "cabeçada".

Atenção: o amigo que está na posição de "perna de avestruz",

só pode voltar a correr quando for salvo

pelo golpe dado pelo outro amigo.

"Ser amigo é bom."

Pedro

A manteiga derretida:

Esse jogo é parecido com o jogo da apanhada, mas neste, os demais alunos estão

segurando os dedos do aluno que vai apanhar, e ele tenta desenvolver o seu

lado criativo, inventando assim uma história que envolva elementos da Capoeira

e a manteiga derretida, e no fim da história diz: 1,2,3 manteiga derretida.

Os outros alunos correm e aquele que o aluno apanhar terá de fazer um movimento,

seja em dupla ou individual.

Dono da rua:

O aluno é escolhido para ser o dono da rua. As outras,

crianças ficam num lado da sala, no coito.

O objetivo dos alunos é passar de um lado

para o outro da rua (a sala) sem serem apanhados pelo dono da rua.

Se isso acontecer, a criança terá de fazer

um movimento determinado pela professora ou professor.

À medida que as crianças vão evoluindo,

o professor vai dificultando

o nível dos movimentos e dos exercícios.

"Vou dizer ao meu senhor

Que manteiga derramou

Mas a manteiga não é minha

A manteiga é de ioiô..."

(domínio público)

O Batizado

O batizado é um acontecimento importante na Capoeira, que tem como objetivo reconhecer o aluno como capoeirista, integrá-lo no grupo onde treina e, também, na comunidade capoeirista.

Forma-se uma grande roda e o aluno iniciante joga com um mestre ou com um professor convidado, que lhe entrega a corda no fim do jogo.

Nesta cerimónia, o aluno pode também ganhar o seu apelido, nome de batismo, que tem a ver com a sua maneira de ser no dia-a-dia nas aulas, podendo ser dado pelo professor ou pelos colegas de treino.

Essa corda corresponde à sua primeira graduação e, a seguir a essa, o aluno receberá outras em cerimônias semelhantes, se continuar a treinar.

É uma forma de reconhecimento do mestre ou do professor, do esforço e dedicação mostrados pelo aluno. Este evento acontece, geralmente, de seis em seis meses ou de ano a ano.

O sistema de Graduação Infantil do grupo Arte Pura Capoeira vai dos 3 aos 15 anos, depois o aluno é inserido no sistema de graduação adulto.

Assim como os nomes dos golpes, as cores das cordas da Capoeira variam de acordo com a sua escola.

O papel do professor, o Mestre

O Mestre tem um papel fundamental na aprendizagem do aluno, ajuda as crianças a praticarem corretamente os movimentos, encorajando-as e chamando à atenção quando é preciso.

O papel do Mestre vai além de ser professor, o Mestre de verdade dedica a sua vida à Capoeira, aprendendo, ensinando, cultivando, inspirando os alunos a serem bons capoeiristas e bons seres humanos para a vida.

"Iê viva meu Deus
Iê viva meu Deus, Camará
Iê viva meu Mestre
Iê viva meu Mestre, Camará
Iê quem me ensinou
Iê quem me ensinou, Camará
Iê a Capoeira
Iê a Capoeira, Camará
Iê dá volta ao mundo
Iê dá volta ao mundo, Camará..."
(domínio público)

Você sabia?
O Mestre Bimba e o Mestre Pastinha
foram os mestres mais importantes
da história da Capoeira.

Escolher uma escola de Capoeira

Agora que você já conheceu um pouco sobre a Capoeira,
talvez você queira fazer uma aula por semana.

Existem muitas escolas de diferentes grupos
e, com certeza, há uma escola certa para você.

É sempre bom procurar conhecer bem
o mestre ou o professor da escola!

"Adeus, adeus

Boa viagem

Eu vou me embora

Boa viagem

Eu vou com Deus

Boa viagem ..."

(domínio público)

Sobre a autora

Luana Ingrid Silva dos Santos nasceu em 1991, na

cidade de Maceió, Brasil.

É formada em Dança pela Escola Superior de Dança em Lisboa.

Desde que se lembra, é apaixonada pelo mundo das artes.

A sua formação em dança vem desde a infância.

As quadrilhas juninas eram a sua grande paixão,

que vão desde às bandas fanfarras, danças folclóricas,

dança afro brasileira, balé, dança moderna,

dança contemporânea à Capoeira.

Em 2012 começou a praticar Capoeira

com o Mestre E.T. em Portugal.

Encantada pelas formas de movimentos que a

Capoeira dá ao corpo vem, desde então,

se dedicando ao estudo desta arte.

Para saber mais sobre a Ingrid e a Capoeira,

siga-a no Instagram: @ __ingrid.santos__

e @artepurauK.